BEI GRIN MACHT SICH IHR WISSEN BEZAHLT

AF136927

- Wir veröffentlichen Ihre Hausarbeit,
  Bachelor- und Masterarbeit

- Ihr eigenes eBook und Buch -
  weltweit in allen wichtigen Shops

- Verdienen Sie an jedem Verkauf

Jetzt bei www.GRIN.com hochladen
und kostenlos publizieren

Erstellung eines Trainingsplans auf Basis des Stufen-Modells der Trainingssteuerung

Malte Eversmann

Bibliografische Information der Deutschen Nationalbibliothek:

Die Deutsche Nationalbibliothek verzeichnet diese Publikation in der Deutschen Nationalbibliografie; detaillierte bibliografische Daten sind im Internet über http://dnb.d-nb.de abrufbar.

ISBN: 9783346687876
Dieses Buch ist auch als E-Book erhältlich.

© GRIN Publishing GmbH
Nymphenburger Straße 86
80636 München

Druck und Bindung: Books on Demand GmbH, Norderstedt Germany
Gedruckt auf säurefreiem Papier aus verantwortungsvollen Quellen

Das Buch bei GRIN: https://www.grin.com/document/1252805

Deutsche Hochschule für
Prävention und Gesundheitsmanagement
Hermann-Neuberger-Sportschule 3
66123 Saarbrücken

Hausarbeit

Name, Vorname	Eversmann, Malte
Studiengang	Bachelor of Arts Sportökonomie
Studienmodul	Trainingslehre I
Datum Präsenzphase (siehe Ergebnisdokumentation)	28.02 – 03.03.2022
Aufgabe	Erstellen Sie für eine beliebige Person eine Trainings-planung für das Krafttraining über einen Zeitraum von mindestens sechs Monaten. Als Basis dient das Stufen-Modell der Trainingssteuerung.

Inhaltsverzeichnis

1 Teilaufgabe 1 – Diagnose

Die Grundlage und somit an erster Stelle des fünf Stufen-Modells der Trainingssteuerung erfolgt die Diagnose. Während der Diagnose gilt es möglischst viele nützlicher Informationen und Daten des Sportlers zu erlangen. Diese Erkenntnissen und Eindrücke sind Basis aller weiteren Trainingsprozesse und daher von enormer Bedeutung.

1.1 Allgemeine und biometrische Daten

Während des Eingangsgespräches ermittelt der Trainer neben den Kerngrößen wie Alter, Körpergröße und Körpergewicht auch Trainingsmotiva, berufliche Tätigkeiten, aktuelle und frühere Sportaktivitäten und die zeitlichen Verfügbarkeiten des Sportlers. Um Gesundheitsrisiken beim Sporttreiben ausschließen zu können, werden weitere Parameter wie Bltudruck und Herzfrequenz ermittelt.

Tab. 1: Allgemeine und biometrische Daten des Probanden (eigene Darstellung)

Parameter	Angabe
Geschlecht	Männlich
Alter in Jahren	33
Körpergröße in cm	191
Körpergewicht in Kg	94
Beruf	Architekt
Trainingsmotiva	Höherer Anteil an Musskelmasse, verbesserte Körperhaltung
Aktuelle sportliche Aktivitäten	Seit 5 Monaten Krafttraining (1-2 Mal pro Woche) ohne systematische Trainingsplanung
Frühere sportliche Aktivität	Bis vor 2 Jahren regelmäßig Fußball gespielt (2 Mal pro Woche)
Zeitlicher Verfügungsrahmen	3 Mal pro Woche für 90 Minuten
Blutdruck	128/86 mmHg
Durchschnitlicher Ruhepuls	65 Schläge pro Minute (Tag 1: 66 S/m, T2: 63 S/m, T3: 67 S/m, T4: 64 S/m, T5: 65 S/m)
Allgemeiner Gesunheitsstand (orthopädische/internistische Probleme, ärtzliche Behandlung, Medikamente)	Außenbandriss im rechten Sprunggelenk vor 5 Jahren, keine akuten Schmerzen.
Skelettmuskelanteil in %	34
Körperfettanteil in %	22
Trainierbarkeit	Ja

Der männliche Proband arbeitet seit fünf Jahren als Architekt undverübt seine Arbeit überwiegend im Sitzen. Seit geraumer Zeit fällt dem Probanden eine verschlechterte Körperhaltung Im Rückenbereich auf. Da der Proband eine aufgerechte Haltung des Rückens nicht dauerhaft halten kann, könnte ein Kraftverlust im Rückenbereich, die Ursache sein. Schmerzen empfindet der Sportler allerdings nicht. Des Weiteren erlitt der Sportler vor fünf Jahren einen Außenbandriss im rechten Sprunggelenk. Auch hier empfindet der Proband aktuell keine Schmerzen. Der 33-Jährige absolviert momentan ein bis zweimal pro Woche ein eigens konzipiertes Kraftrainingsprogramm ohne ersichtlichen Trainingserfolg. Der Sportler ist zeitlich recht felxibel,sodas er bis zu dreimal wöchentlich tranieren kann. Der Blutdruck gemessene Blutdruck, systolisch 128 mmHg und diastolisch 86 mmHg, ist nach der Blutdruckklassifikation (vgl Tab 2) als Hochnormal einzuordnen.

Tab. 2:   Bluttdruckklassifikation der American Heart Association (eigene Darstellung, modifiziert nach Manica et al., 2013, S.1286

Bewertungsstufen	systolischer Blutdruck	diastolischer Blutdruck
Normblutdruck (Normotonie)		
optimal	<120 mmHg	<80 mmHg
normal	<130 mmHg	<85 mmHg
hochnormal	130 - 139 mmHg	85 - 89 mmHg
Bluthochdruck (arterielle Hypertonie)		
Stufe 1	140 - 159 mmHg	90 - 99 mmHg
Stufe 2	160 - 179 mmHg	100 - 109 mmHg
Stufe 3	>180 mmHg	>110 mmHg

Die durchnittliche Herzfrequenz bildet das arithmetische Mittel der Ruhepulswerte der folgenden fünf Tagen nach dem Anamnesegespräch. Der Sportler wurde aufgefordert an jedem Morgen unmittelbar nach dem Erwachen die Herzfrequenz mithilfe eines Pulsoximeters zu messen. Auch hier liegt der Parameter von 65 Schlägen pro Minute im Normbereich (Normbereich: 60-80 Schläge/Minute). Sowohl Skelettmuskel- wie auch Körperfettettanteil in % wurden mittels einer Tanita Körperanalysewaage ermittelt. Nach Betrachtung aller möglichen Risikofaktoren kommt der Trainer zu dem Entschluss, dass der 33-Jährige Mann voll trainierbar ist.

1.2 Krafttestung

Für die Intensitätsbestimmung des Probanden bieten sich ein Mehwiederholungskrafttest, kurz X-RM Test, optimal an. Der Proband leidet unter leichten subjektiven und ortopädischen Einschränkungen (schlechte Körperhaltung & verheilter Außenbandriss im rechten Sprunggelenk), sodass die mechanische Belastung während der Intensitätsbestimmung nicht zu hoch sein darf. Nach Eifler (2013) ist die Vorraussetzung eines X-RM Tests eine circa 6-8 wöchige Orientierungsphase. Durch das bisher fünf monatige eigens strukturierte Krafttraining hat der 33-jährige Proband genügend Trainingserfahrungen sammeln können, um die Orientierungsphase zu vernachlässigen. Ziel des folgenden X-RM Tests ist es das maximale Gewicht für eine vorher definierte Wiederholungszahl zu ermitteln (Strack & Eifler 2005b). Sowohl die Übungsauswahl wie auch die vorher definierte Wiederholungszahl richtet sich an das Trainingsziel des folgenden Mesozyklus (Strack & Eifler, 2005a, S.154).

Hinweis: Der folgende X-RM Test ist im späteren Verlauf dieser Hausarbeit die Grundlage für den vierten Mesozyklus und Basis für Teilaufgabe 4 (vgl. Kapitel 4). Sowohl Übungsauswahl und -reihenfolge ist mit dem späteren Trainingsplan kovalent.

Für den X-RM Test des Probanden wird eine Wiederholungsanzahl von 8 Wiederholungen bestimmt. Im folgenden wird die Variabel „X" durch die Anzahl der Wiederholungen erstetzt. Der Ablauf des 8-RM Test basiert auf dem Vorgehen von Eifler (2013). Bevor der 8-RM Test beginnt, wärmt sich der 33-jährige zunächst an einem beliebigen Ergometer für mindestens fünf Minuten auf. Daraufhin führt der Sportler einen spezifischen Aufwärmsatz mit 50% des ersten aufgelgten Testgewichts bei zehn Wiederholungen durch. Nach dem Aufwärmen führt der Proband maximal drei Testssätze mit maximal 8 Wiederholungen aus. Zwischen den einzelnen Testsätzen werden dreiminütige Pausen durchgeführt. Im Optimalfall kann der Proband die achte Wiederholung kurz vor dem Muskelversagen gerade noch sauber ausüben. Diese Gewichtslast wäre nun als Ergenbis zu werten und als Grundlage zu verwenden. Während der Testdurchführung achtet der Trainer auf das Bewegungstempo (time under tension) von 2-0-2. Dies bedeutet, dass die konzentrische Bewegung 2 Sekunden, die statsiche Bewegung 0 Sekunden und die exzentrische Bewegung ebenfalls 2 Sekunden betragen soll. Des Weiteren achtet der Trainer darauf, dass der Proband wärend den einzelenen Wiederholungen eine volle Bewegungsamplitude (Full Range of Motion, kurz R.O.M) ausführt.

Tab. 3: Testprotokoll 8-RM Test

Testübung	Wdh.	1. Testsatz Kg	2. Testsatz Kg	3. Testsatz Kg	Ergebnis Kg
Freies Rudern mit Seilzug im Stehen engem Griff	8	40	45	-	45
Langhantel-Kniebeuge	8	50	55	60	60
Rückenstrecker Machine	8	50	55	57,5	60
Schräges Wadenheben Maschine	8	60	65	-	65
Brustpresse sitzend horizontal nach vorne	8	40	45	-	45
Crunches an der Maschine	8	45	50	-	50
Butterfly an der Maschine	8	55	57,5	60	60
Torso rotation kniend an der Maschine	8	35	45	50	50

1.3 Analyse und Überprüfung des Krafttests

Bei der Auswertung des Krafttests konnte keine signifikante Schwäche ermittelt werden. Der Proband ist sportlich fit und voll belastbar. Grundsätzlich ist die Art der Krafttestung auf drei Kriterien zu überprüfen. Allgemein ist festzustellen, dass diese Krafttestung ausschlißlich einen groben Überblick über das sportmotorische Kraftniveau liefert (Grosser & Neumaier, 1988; Grosser & Tusker, 1995; Letzelter & Letzelter, 1990; Neumaier, 1983). Erstes Kriterium zur Überprüfung des Krafttests ist die Möglichkeit des intervidu-ellen Leistungsvergleichs. Dieses Kriterium vergleicht, ob es gewisse Norm- oder Referenzwerte gibt. In diesem Fall ist der Vergleich nicht möglich, da der 8-RM Test individuell ist. Die zweite Ziel des Tests ist die Möglichkeit des intraindividuellen Leistungsvergleichs. Hier wird überrüft, ob der Test die gesteigerten Leistungen durch Re-Tests nachweisen kann. In diesem Fall kann der 8-RM Test durchaus als Instrument zur Leistungsüberprüfung eingesetzt werden. Dabei ist von enormer Bedeutung, dass der Ablauf des Re-Tests exakt derselbe ist wie der des Ausgangstests. Das dritte Ziel des 8-RM Tests ist die Ableitung der Trainingsintnsitäten. Dieses Ziel kann durch die ILB-Methode erreicht werden, da die Grundlage der ILB-Methode ein X-RM Test ist, von diesem die Trainingsintesitäten abgeleitet werden (vgl Kapitel 3.1).

2 Teilaufgabe 2 – Zielsetztung/Prognose

Auf Basis der gesamelten Diagnosedaten wurden in Absprache mit dem Probanden folgende drei Ziele ermittelt.

Tab. 4:   Zieldefinitionen des Probanden

Inhalt	Ausmaß	Zeit
Körperfettreduzierung	Der Körperfettanteil soll um 3%-Punkte gesenkt werden. Nach Ende des zweiten Mesozyklus soll der Körperfettanteil bei maximal 19% liegen. Nach 13 Wochen erfolgt eine erneute Körpermessung auf der Tanita Körperanalysewaage.	Nach Abschluss des zweiten Mesozyklus (13 Wochen)
Kraftsteigerung	Der Sportler möchte seine Kraft um 10% steigern. Der re-test nach dem ersten Mesozyklus soll im ersten Testsatz jeweils mit einer 10 prozentigen Steigerung der Gewichtslast zum Ergebnis des Ausgangstest absolviert werden.	Nach Abschluss des ersten Mesozyklus (7 Wochen)
Erhöhung der Muskelmasse	Schlussendlich möchte Proband sein Wunsch nach mehr Muskelmasse im dritten und vierten Mesozyklus umsetzten. Er strebt eine Steigerung von 5%-Punkte an. Ausgangswert ist der Sklettmuskelanteil, der in der 12. Woche gemessen wurde.	Ab der 13. Woche bis zur 26.Woche

Aus dem Eingangsgespräch ging hervor, dass die Körperfettreduktion und die gleichzeitige Steigerung der Muskelmasse das Primärziel des Probanden ist. Da es sich hierbei allerdings um ein Zielkonflikt handelt und diese Ziele zeitgleich nur in geringem Maße umsetzbar sind, wurden die Teilziele Körperfettreduzierung und Muskelmassenzunahme getrennt als einzelnes Ziel formuliert. Ziel 1 befasst sich somit rein mit der Körperfettreduzierung. Der Sportler beabsichtigt sein Körperfett nach 12 Wochen um 3%-Punkte auf 19% reduziert zu haben. Dem 33-Jährigen Achitekten wurde während des Zielvereinbarung darauf hingewiesen, dass eine angepasste Ernährung ebenfalls von enormer Bedeutung ist, um die gewünschte Körperfettreduzierung zu erzielen. Das zweite Ziel basiert auf einem der beiden Trainingsmotiva des Sportlers. In der Diagnose (vgl Tabelle 1) gab der Proband an, dass er sich eine verbesserte Körperhaltung wünscht. Da dieses Ziel nicht messbar ist, strebt Proband nun eine Kraftsteigerung von 10% in den ersten sieben Wochen an, geeignet. Aus dem Ergebnis der Kraftsteigung soll eine gestärkte Rückenmuskulautur resultieren, die den Rücken über einen größeren Zeitraum in einer optimalen Position hält. Um zeitgleich nicht den Fokus auf die anderen Muskelgruppen zu verlieren, gilt das Ziel einheitlich für alle Übungen, die im Krafttest durchgeführt wurden. Das dritte Ziel befasst sich nun mit dem zweiten Teil des Zielkonflikts. Die Erhöhung der Skelettmuskelmasse. Das Ziel des Probanden ist es die Skelettmuskulatur im dritten und vierte Mesozyklus um 5%-Punkte zu erhöhen. Wichtig zu erwähnen ist, dass der Wert der Skelettmuskelanteilmessung aus der Diganose (vgl Tab. 1) nicht dem Ausgangswert dieser Zeilvereinbarung entspricht. Dies wird folgendermaßnen begründet. Da in den ersten beiden Mesozyklen eine Körperfettreduzierung als Zielvereinbarung im Vordergrund steht, steigt im Optimalfall der Sklettmuskleanteil relativ bereits an. Da dieser Anstieg nicht in das vereinbarte Ziel 3 berücksichtigt werden soll, wird in der vierzehnten Woche eine erneute Tanita Körperanalysemessung durchgeführt. Dieses Ergebnis bildet folglich die Grundlage für die dritte Zielvereinbarung.

3 Teilaufgabe 3 – Trainingsplanung Makrozyklus

Um dem Probanden einen langfristig strukturierten Trainingplan zu vermitteln, wurde ein sechsmonatiger Makrozyklus entworfen. Dieser Makrozyklus, der in vier Mesozyklen unterteilt wurde, dient als Basisstruktur und zielt einer ständigen Leistungssteigerung ab (Schnabel et al, 1997, S.323). Als übergeordnete Methode wurde die ILB-Methode ausgewält. Der deduktive trainingsmetodische Ansatz ist für den 33-jährigen optimal, da er nach dem Grobraster der ILB-Methode noch als „Beginner" gilt und noch keine

Erfahrungen mit einer strukturierten Trainingsplanung sammeln konnte. Die Intensitätssteuerung basiert auf den Mehrwiederholungskrafttests, die vor jedem Mesozyklus durchgeführt werden. Als Periodisierungsmodell wurde die Blockperiodisierung ausgewählt. Die augewählten Mesozyklen wurden entsprechend der Zielvereinabraungen (vgl. Tab 4) aufgebaut, sodass in den ersten beiden Mesozyklen eine Körperfettreduzierung mithilfe eines Kraftausdauertrainings geplant wurde. In Mesozyklus drei und vier soll die Erhöhung des Skelttmuskelanteils erreicht werden. Um dieses Ziel zu erreichen, werden zwei Mesozyklen mit dem Ziel der Hypertrophie durchgeführt. Wichtig zu erwähnen ist, dass der Proband ab dem zweiten Mesozyklus nach dem Grobraster als „Geübter" eingestuft wird. Daraus resultierend verändern sich beispielswiese die Parameter Einheiten pro Woche und Intensität.

Tab. 5: Makrozyklus des Probanden

Makrozyklus für 6 Monate (26 Wochen)								
		Mesozyklus 1		**Mesozyklus 2**		**Mesozyklus 3**		**Mesozyklus 4**
Zyklusdauer		6 Wochen		7 Wochen		6 Wochen		7 Wochen
Trainingsziel		Kraftausdauertraining		Kraftausdauertraining		Muskelaufbautraining		Muskelaufbautraining
Organisationsform	ILB-Test für 20 Wdh	GK/Zirkel	Re-Test + ILB-Test für 12 Wdh	GK/Station	Re-Test + ILB-Test für 12 Wdh	GK/Zirkel	Re-Test + ILB-Test für 8 Wdh	GK/Station
Einheiten pro Woche		2		3		3		3
Übungen pro Muskelgruppe		2		2		2		2
Sätze pro Übung		2		2		2		2
Wdh.		20		15		12		8
Satzpausen		50 sec.		40 sec.		80 sec.		60 sec.
Intensität		50 - 70% ILB 20 Wdh		60 – 80 % ILB 20 Wdh		60 – 80 % ILB 12 Wdh		60 – 80 % ILB 8 Wdh
T-U-T		2 – 0 – 2		2 – 0 – 2		2 – 0 – 2		2 – 0 – 2
Belastungsdauer		80 sec.		80 sec.		48 sec.		32 sec.

3.1 Begründung der übergeordneten Trainingsmethode

Wie eingangs des Kapitels bereits erwähnt wurde als übergeordnete Trainingsmethode die Individuelle-Leistungsbild-Methode, kurz ILB-Methode, ausgewählt. Diese Trainingsmethode wurde herangezogen, da die Belastungsreize auch während des Übergangs vom „Beginner" zum „Geübten" optimal ermittelt werden können. Diese Veränderungsmöglichkeiten während des Makrozyklus sind essenziel für ein gelungenes Krafttraining, da sämtliche Anpassungserscheinungen ausschließlich durch überschwellige Belastungs-reize realisiert werden können (Grosser, Brüggemann & Zintl, 1986, S. 46). Die Verwendung der ILB-Methode verspricht eine dauerhaft überschwellige Belastung aller Körperstruktutren auch bei einem Aufstieg in einer höheren Leistungsstufe.

Ein weitere Grund, der die Auswahl der ILB-Methode begründet, ist die Überprüfbarkeit des Leistungsniveaus. Somit kann der Trainingserfolg, der auch als Zielvereinbarung, definiert wurde, überprüft werden. Als dritte Bergündung wird die geplante Abwechslung bzw. Intensitätssteigerung innerhalb des Makrozyklus angeregt. Die strukturierte Anpassungen vermitteln gleichzeitig kleinere Zwischenziele, die die Trainingsmotivation des Probanden hochhält. Auch die ortopädischen Vorrausetzung sorgen dafür, dass die ILB-Methode geeignet ist. Bei jeglichen Testung ist die Gefahr von mechanischen Überbelastungen durch zu hohe Gewichte gering. Das Sprunggelenk wird auch während der Testungen nicht überbelastet.

3.2 Begründung der Belastungsparameter

Um eine optimale Belastung zu bestimmen, können mehrere Belastungsparameter wie Einheiten pro Woche, Übungen pro Muskelgruppe, Sätze pro Übungen und Intensität bestimmt werden.

Wie in Tabelle 5 zu erkennen, betragen die Einheiten pro Woche im ersten Mesozyklus zwei, bevor sie ab dem zweiten Mesozyklus auf drei gesteigert werden. Da der Proband bei Beginn des Markrozyklus lediglich eine Vorerfahrung von 5 Monaten vorweisen kann, wird er nach dem Grobraster der ILB-Methode als „Beginner" eingestuft. Nach der übergeordneten ILB-Methode sollten bei Beginnern zwei Einheiten pro Woche ausgeübt werden. Daraus resultierend wurden im ersten Mesozyklus zwei Krafttrainings pro Woche angesetzt. Ab der sechsten Woche des Markorzyklus und gleichzeitigem Übergang zum „Geübten" wird der Parameter auf drei erhöht. Bei „Geübten" sieht die ILB-Methode zwei bis drei Einheiten pro Woche vor. Um die Intensität im Vergleich zum ersten Mesozyklus zu steigern, wurden drei Einheiten pro Woche angesetzt. Auch in Mesozyklus drei und vier werden drei wöchentliche Einheiten vorgesehen. Eine Studie von Mc Lester, Bishop und Guilliams (2000) zeigt, dass drei Trainingseinheiten pro Woche optimale Reize im Krafttraining setzten. Da nach der ILB-Methode lediglich eine Reduzierung auf zwei Einheiten pro Woche möglich sind und diese Reduzierung gleichzeitig einen Intensitätsverlust verursache, wäre diese Anpassung nicht zielführend. Schlussfolgernd bleiben drei Einheiten pro Woche auch im dritten und vierten Mesozyklus bestehen.

Die ILB-Methode sieht sowohl bei „Beginnern" wie auch bei „Geübten" ein bis zwei Übungen pro Muskelgruppe vor. Um sicherzustellen, dass jeder Muskel während des Krafttrainings einen augewogenen Trainingsreiz verspürt, hat sich der Trainer auf zwei Übungen pro Musklegruppe festgelegt.

Der Trainer hat sich dazu entschieden, dass der 33-Jährige in sämtlichen Mesozyklen zwei Sätze pro Übung durchführt. Die übergeordnete ILB-Methode sieht für Beginnern eine Satzanzahl von ein bis zwei und bei Geübten eine Satzanzahl von zwei vor. Um dem Probanden eine kontinuität und gewohnheit zu vermitteln, hat sich der Trainer für eine anhaltende Satzanzahl von zwei entschieden. Da der Proband mit einer fünfmonatigen Vorerfahrung in den ersten Mesozyklus als „guter Beginner" startet, ist diese Entscheidung optimal, sodass keine Überbelastung entsteht.

Die Intensität, die in allen Mesozyklen prozentual vom verhergegangen Krafttest berechnet wird, steigt während der einzelnen Mesozyklen kontinuierlich an. Die Intensitätsauswahl richtet sich an der übergeordneten ILB-Metode. Für „Beginner" soll die Intensität im Rahmen von 50 bis 70% vom X-RM Test, bei „Geübten" im Rahmen von 60 bis 80% vom X-RM Test, stetig gesteigert werden. Während des Krafttrainings wird nicht bis zum Muskelversagen trainiert, da nach Buskies (1999) auch bei einer submaximalen Trainingsintensität eine signifikante Kraftsteigerung erzeugt wird.

3.3 Begründung der Organisationsformen

Wie in Tabelle 5 zu erkennen, hat sich der Trainer im gesamaten Markozyklus für ein Ganzkörpertraining entschieden. Dies ist dadurch zu begründen, da der Proband im Eingangsgespräch eine maximale Trainingshäufigkeit von drei Einheiten pro Woche angab. Bei dieser Trainingshäufigkeit ist ein Ganzkörpertraining optimal geeignet, da alle Hauptmuskelgruppen den idealen Trainingsreiz erhalten und gleichzeitig genügend Regenerationszeit zur Verfügung steht. Außerdem hat sich der Trainer für ein abwechselndes Stations- bzw. Zirkeltraining entschieden. Bei Beginn eines neuen Trainingsziels (Mesozyklus 1 und Mesozyklus 3) startet der Proband zunächst mit einem Zirkeltraining, um eine stärkere Muskelermüdung zu verhindern. Bei der Übungsauswahl des Zirkeltrainings wird darauf geachtet, dass die einzelnen Muskelgruppen nicht unmittelbar hintereinander trainiert werden. So wird sichergestellt, dass der Muskel genügend Pause bekommt und in Folge dessen keine Überbelastung entsteht. Indem die Organisationsform im zeiten und vierten Mesozyklus in ein Stationstraining verändert wird, steigt die Intensität und der Trainingsreiz. Dies hat die Absicht die muskuläre Ermüdung durch geringere

Pausenzeiten zu erhöhen. So soll das Training leicht forciert werden, sodass die Zielvereinbarungen erreicht werden.

3.4 Begründung der Periodisierung

Bei der Auswahl der Periodisierung wurde sich für eine lineare Periodisierung, auch Blockperiodisierung genannt (Fröhlich, Müller, Schmidtbleicher & Emrich, 2009; Kraemer & Fleck, 2007), entschieden. Die Trainingsintesität wird sowohl von Mesozyklus zu Mesozyklus wie auch von Microzyklus zu Microzyklus linear gesteigert. Gleichzeitig sinkt die Anzahl der Wiederholungen. Der Sportler soll aufgrund der bisher fehlenden Trainingssystematik nicht überfordert werden, sodass eine vergleichsweise einfache Periodisierung ausgewält wurde. Nach Prestes et. al. (2009) ist eine klassische linerare Periodisierung effektiv und für eine Kraftsteigerung optimal geeignet.

4   Teilaufgabe 4 – Trainingsplanung Mesozyklus

In folgendem wird nun der vierte Mesozyklus detaillierter betrachtet und erleutert. Zusammengefasst in Tabelle 6 wird der dritte Mesozyklus zunächst dargestellt.

Tab. 6:   Darstellung des dritten Mesozyklus mit Übungsauswahl und Gewichtsangaben

Zyklusdauer		7 Wochen		Trainingsziel		Muskelaufbau		
Einheiten pro Woche		3		Satzpause		60 sec		
Übungen pro Muskelgruppe		2		Sätze pro Übung		2		
Organisationsform		GK/Station		Bewegungstempo		2 – 0 – 2		
Übung	Wdh	Gew. Woche 1 (60%)	Gew. Woche 2 (65%)	Gew. Woche 3 (65%)	Gew. Woche 4 (70%)	Gew. Woche 5 (75%)	Gew. Woche 6 (75%)	Gew. Woche 7 (80%)
Freies Rudern mit Seilzug im Stehen engem Griff	8	27 Kg	30 Kg	30 Kg	32Kg	34Kg	34Kg	36Kg
Langhantel-Kniebeuge	8	36 Kg	39 Kg	39 Kg	42 Kg	45 Kg	45 Kg	48 Kg
Rückenstrecker Machine	8	36 Kg	39 Kg	39 Kg	42 Kg	45 Kg	45 Kg	48 Kg
Schräges Wadenheben Maschine	8	39 Kg	42 Kg	42 Kg	46 Kg	49 Kg	49 Kg	52 Kg
Brustpresse sitzend horizontal nach vorne	8	27 Kg	30 Kg	30 Kg	32 Kg	34 Kg	34 Kg	36 Kg
Crunches an der Maschine	8	30 Kg	32 Kg	32 Kg	35 Kg	38 Kg	38 Kg	40 Kg
Butterfly an der Maschine	8	36 Kg	39 Kg	39 Kg	42 Kg	45 Kg	45 Kg	48 Kg
Torso rotation kniend an der Maschine	8	30 Kg	32 Kg	32 Kg	35 Kg	38 Kg	38 Kg	40 Kg

4.1 Übergeordnetes Konzept der Übungsauswahl

Wie in Tabelle 6 zu erkennen, hat sich der Trainer bei sechs der acht Kraftübungen für ein Krafttaining an Maschinen entschieden. Ausschließlich das freie Rundern und die Langhantel-Kniebeuge widerschpricht dem übergeordneten Konzept. Das freie Rudern im Stehen wird am Seilzug durchgeführt. Die Langhantel-Kniebeugen mit freien Gewichten frei im Raum. Das übergwiegene Trainieren an Maschinen ist für den 33-Jährigen Probaden optimal geeignet, da die Bewegungen geführt sind und somit kaum Fehlerbildern entstehen. Das Krafttraining an Maschinen sorgt für ein sehr isoliertes Training und ist auch für „Geübte" sinnvoll. Durch die geführten Bewegungen werden die einzelnen Musklegruppe exakt angesprochen und es kommt zu einer sehr geringen Übungsvarianz. Die Übungen „freies Rudern im Stehen" und „Langhantel-Kniebeugen" wurden als Variation gegenüber dem Krafttraining an den Maschinen ausgewählt und erzeugen gleichzeitig weitere Trainingsreize, die besonders die Eigenstabilisation fördern. Während der Übungsdurchführung steht stets das Ziel der korrekten Übungsdurchführung im Vordergrund. Nachdem der Proband zwei Sätze mit einer 60 sekündigen Pause durchgeführt hat, wechselt der Sportler zur nächsten Station. So wird die Organisationsform des Stationstraining eingehalten.

4.2 Begründung der Übungsauswahl und Übungsreihenfolge

Bei der Übungsauswahl wurde primär auf die Trainingsmotiva des Probanden geachtet. Der Proband wünschte sich in der Diagnose (vgl Kapitel 1), dass er einen gestärkten Rücken haben möchte. Dieser Wunsch des Sportlers wurde vom Trainer aufgegriffen und in der Übungsauswahl berüksichtigt. Die Übungsreihenfolge basiert auf vier Leitsätzen. Zum einen wurden die Übungen so aufgebaut, dass mehrgelenkige Übungen vor eingelenkigen Übungen durchgeführt werden. Zum anderen sollen die koordinativ komplexen Übungen den koordniativ weniger anspruchsvollen Übungen vorgezogen werden. Der dritte Leitsatz folgt dem Prinzip vom großen zum kleinen. Explizit werden hier die Muskelgruppe angesprochen. Große Muskelgruppe werden kleineren Muskelgruppen vorgezogen. Der letzte Leitsatz basiert auf den Prioritäten des Sportlers. Übungen für Muskelgruppen mit höherer Priorität werden eher in der Übungsreihenfolge berücksichtigt wie Übungen für Muskelgruppen mit geringerer Priorität.

Als erste Übung wurde das freie Rudern im Stehen am Seilzug ausgewählt. Diese mehrgelenkige Übung wurde ausgewählt um primär den unteren und mittleren Anteil des Trapezmuskels, die Rhomboiden und den breiten Rückenmuskel zu trainieren. Als synagisten werden der M. biceps brachii und der M. Deltoideus pars spinalisten trainiert. Die Übung wurde bewusst am Seilzug und im Stehen ausgewählt, um gleichzeigtig die Rumpfmusulatur und die Eigenstabilistation statisch zu fördern. Der Proband muss gerde bei der exzentrischen Übungsausführung das Gewicht kontrolliert ablassen können. Da es sich bei dieser Übung um eine mehrgelenkige koordnativ sehr anspruchsvolle Übung handelt, wurde diese an erster Stelle der Übungsreihenfolge gesetzt. Auch die Beanspruchung der goßen Muskelgruppen im Rücken sorgt dafür, dass diese Übung als Startübung optimal geeignet ist. Dem Trainingsmotiv des 33-Jährigen wird ebenfalls folge geleistet, indem die Rückenmuskulatur für die aufrechtere Körperhaltung, primär trainiert wird. Bei der Übungsduchführung wird darauf geachtet, dass die Befestigung des Seiluzuges auf höhe der Hüfte erfolgt. Daraufhin greift der Sportler den engen Rudergriff und geht leicht in die Hocke, sodass ein circa 100° Winkel in der Kniebeugung entsteht. Nun wird der Rudergiff zum Bauch gezogen. Während der Übungsausführung wird sets auf das Bewegungstempo von 2-0-2 geachtet. Nach 8 Wiederholungen ist ein Satz beendet.

Als zweite Übung wurde die Langhantel-Kniebeuge ausgewählt. Bei der Langhantel-Kniebeuge werden pimär der vordere und hintere Oberschenkelmuskel und die Gesäß-muskulatur beansprucht. Sekundär werden die untere Rückenmuskulatur, die Wade und die Rumpfmuskulatur gestärkt. Ähnlich wie beim freien Rudern am Seilzug im Stehen handelt es sich auch hier um eine mehrgelenkige koordinative anspruchsvolle Übung, die große Muskelgruppen anspricht. Aus diesen Gründen wurde diese Kraftübung an zweiter Stelle im Trainingsplan integriert. Diese Übung wurde ausgewählt, da sie einen idealen Transfer in den Altag bietet. Zum anderen stärkt die Übung zusätzlich den unteren Rücken. Das statische Halten wird besonders während der Arbeit des Probanden beansprucht. Während der Übungsdurchführung wird darauf geachtet, dass der Proband die Langhantel in seinem Nacken platziert und in einem schulterbreiten Stand in die Knie-beugung geht. Beim Beugen ist darauf zu achten, dass der Rücken gerade bleibt, die Hüfte nach unten abgesenkt und die Fersen auf dem Boden bleiben. Auch hier wird auf ein gleichmäßiges Bewegungstempo von 2-0-2 geachtet.

Als dritte Übung folgt der Rückenstrecker an der Maschine. Diese Kraftübung stärk pri-mär den M. erector spinae und ist ideal um den unteren Rücken für das langanhaltene Sitzen zu stärken. Der Trainer hat sich bewusst dazu entschieden diese Übung an der Maschine auzüben, da die Koordination und die muskuläre Ermüdung besonders in der Rückenmuskulatur schon recht fortgeschritten ist. Diese Krfatübung wurde an dritter Stelle des Trainingsplanes platziert, da es sich um eine eingelenkige Übung handelt, die koordinativ kaum anspruchsvoll ist und nur einen Muskel im Körper primär anspricht.

Während der Übungsdurchführung wird darauf geachtet, dass das Gesäß des Probanden nicht das untere Rückenpolster verlässt. Außerdem wird auf einen gestreckten Rücken und auf eine möglichst große Bewegungsamplitude geachtet. Das Bewegungstempo beträgt auch hier 2-0-2. Mit Abschluss dieser Übung wurde die Rückenmuskulatur ideal gereizt, sodass die Priorität des Sportlers gleich zu Beginn des Trainings berücksichtigt wurde.

Als zweite Übung für die Beinmuskulatur, hat sich der Trainer für das Wadenheben an der Maschine entschieden. Die Auswahl dieser Übung basiert auf dem Befund des außenbandrisses im rechten Sprunggelenk vor 5 Jahren (vgl. Tabelle 1). Auch wenn das Außenband gut verheilt ist und keine aktuellen Schmerzen erzeugt, soll mit dieser Übung die gelenkumligenden Muskulatur gestärkt werden, um eine erneute Verletzung vorzubeugen. Beim Wadenheben findet im Sprungegelenk eine Plantarflexion statt, sodass primär M. gastrocnemius und M. soleus trainert werden. Hierbei handelt es sich um eine eingelenkige Übung, die ähnlich zum Rückenstrecker kaum koordinativ anspruchsvoll ist und somit optimal geeignet ist, um den Abschluss des Beintrainings zu bilden. Bei der Übungsdurführung wird daruf geachtet, dass die Beine Knie stehts durhgestreckt und nur aus der Wade gehoben wird. Bei dieser Übung ist es enorm wichtig über dir gesmate Bewegungsamplitude zu arbeiten, da nur so ein gelungener Trainingsreiz entsteht. Bewegungstempo beträht 2-0-2.

Auch bei der fünften Übung handelt es sich um eine Kraftübung an der Maschine. Da mittlerweile die Ermüdung in gewissen Muskeln eingesetzt hat und die koordinativen Fähigkeiten nachgelassen haben, beschränkt sich das restliche Training auf Kraftübungen an den Maschinen. Primärmuskeln der Brustpresse sind der M. pectoralis major und der M. deltoideus pars clavicularis. Da es sich bei dieser Kraftübung um eine mehrgelenkige Übung handelt, befindet sich diese Übung an erster Stelle der beiden Brustübungen. Bei der Übungsausführung ist darauf zu achten, dass die Griffe auf Brusthöhe eingestellt sind. Außerdem ist drauf zu achten, dass die Handgelenke gerade ausgerichtet sind, sodass die Bewegung der Extension nicht gestört wird. Das Bewegungstempo beträgt auch hier 2-0-2.

Nachdem alle Muskulaturen mindestens einmal angesprochen wurden, fehlt nur noch die vordere untere Rumpfmuskultur. Nach Bompa & Carrera (2005) ist von enormer Bedeutung die Rumpfmuskulatur zu trainieren, da diese die Grundlage für alle weiteren Muskulaturen stellt. Um hierfür den M. rectus abdominnis zu stärken, wurden die Crunches an der Maschine ausgewählt. Diese Übung ist sehr geführt und lässt keinerlei spielraum für Fehlerbilder. Gerade in der sechsten Kraftübung ist die muskuläre Ermüdung schon weit fortgeschritten, sodass sich diese koordinativ einfache eingelenkige Übung ideal platziert ist.

Als vorletzte Trainingsübung hat sich der Trainer für die Übung „Butterfly an der Maschine" entschieden. Primäre Muskulatur ist ähnlich wie bei der Brustpresse der M. pectoralis major und der M. deltoideus pars clavicularis. Durch die Crunches an der Maschine hatten beide Muskeln genügend Zeit zur Erholung. Diese Übung wurde ausgewählt, um am Ende des Trainings die Brustmuskulatur ideal zu reizen. Gerade bei dieser Übung kann die Kraft sehr isoliert aus dem M. pectoralis major genommen werden. Während der Übungsdurchführung ist auf einen geraden Rücken und auf steife Ellenbogengelenke zu achten. Der Butterfly an der Maschine ist eine eingelenkige Übung, die nur aus dem Schultergelenk gesteuert wird. Das Bewegungstempo beträgt 2-0-2.

Als letzte Übung sollen die seitlichen Bauchmuskeln beansprucht werden. Hierfür bietet sich die Torso Rotation an. Die beiden Primärmuskeln sind der M. obliquus externus abdominis und der M. obliquus internus abdominis. Diese zweite Bauchübung wurde als letztes geplant, da es sich um vergleichsweise kleine Muskeln handelt. Auch die komplexität und die koordinativen Ansprüche der Übung sind gering. Bei der Übungsdurchführung muss darauf geachtet werden, dass ohne Schwung gearbeitet wird und ständig über die größtmögliche Bewegungsamplitude trainiert wird. Auch hier beträgt das Bewegungstempo 2-0-2.

5 Literaturrecherche

In der Literaturrecherche wurden zwei Studien verglichen, die die Effekte eines Krafttrainings bei Osteoporose untersuchen. Zum einen wurde die im Februar 2021 veröffentliche Studie von Ebrahim Banitalebi, Majid Mardaniyan Ghahfarrokhi und Mortaza Dehghan untersucht. Als zweite Studie wurde die im Juli 2018 veröffentlichte Studie von Brita Stanghelle et. al. herrangezogen.

Tab. 7:   Vergleich zweier Studien mit dem Thema: Krafttraining bei Osteoporose

	Studie 1	Studie 2
Titel der Studie	Ein 12-wöchiges Trainingsprogramm verbessert den funktionellen Status beii osteoporotischen Frauen nach der Mesopause: zufällig kontrollierte Studie.	Körperliche Fitness bei älteren Frauen mit Osteoporose und Wirbelfraktur nach einem Widerstands- und Gleichgewichtstraining: 3 monatige Studie mit Interventions- und Kontrollgruppe

Wer hat die Studie durchgeführt?		Brita Stanghelle, Hege Bentzen, Lora Giangregorio, Are Hugo Pripp, Dawn A. Skelton und Astrid Bergland
In welchem Jahr wurden die Studien publiziert?	Februar 2021	18. Juli 2018
Welche Forschungsfrage wurde untersucht?	Welche Auswirkungen besitzt ein 12 wöchiges Trainingsprogramm bei Frauen mit Osteoporose?	Welche Veränderungen der gewohnheitsmäßigen Gehgeschwindigkeit und anderer gesundheitsbezogener Parameter können nach Beendigung eines dreimonatigen Widerstands- und Gleichgewichtstraining im Vergleich zu einer Kontrollgruppe festgestellt werden?
Mit welchen Versuchspersonen wurden die Studien durchgeführt?	Die Studie wurde mit serbischen Frauen im Alter von 59 bis 70 Jahren durchgeführt. Vorrausgesetzt war eine eine diagnostisierte Osteoporose (T-Score <= -2,5) und die Beendigung der Mesopause.	Die Studie wurde mit 149 norgewischen Frauen, die 65 Jahre oder älter waren, durchgeführt. Bei allen Teilnehmerinnnen wurde eine Osteoporose und eine Wirbelfraktor diagnostiziert.
Wie sah der Versuchsaufbau der Studie aus?	Die 103 serbischen Frauen wurden zunächst in einem Anamnese-Gespräch auf Parameter wie Gewicht, Größe und BMi gemessen. Außerdem wurden subjektive Faktoren wie Sturzangst, Familiengeschichte und Gewohnheiten abgefragt. Daraufhin wurden die 103 Probanden in zwei gleichgroße Gruppen unterteilt. Eine Übungs- und eine Kontrollgruppe. Die Übungsgruppe erhielt ein 12 wöchiges überwachtes Trainingspromm. Die Kontrollgruppe erhielt kein Trainingsprogramm. Als Parameter für die körperliche Fitness wurden Mobilitäts- und Stabilisationstest für die unteren Extrimitäten durchgeführt. Diese Test wurden bei Testbeginn, nach 4 Wochen und nach der 12 wöchigen Studie durchgeführt.	Die 149 Probanden wurden in zwei Gruppen aufgeteilt. Eine Kontrollgruppe und eine Interventionsgruppe. Alle Probanden absolvierten vor Testbeginn Tests zur Diagnose der körperlichen Funktionsfähigkeit. Diese Tests wurden nach der 3 monatigen Widerstands- und Gleichgewichtstraining für die Intervenationsgruppe wiederholt. Die Probanden der Kontrollgruppe nahmen keinerlei Änderungen Ihres monentanen Altags vor. Als Parameter für die körperliche Funktionsfähigkeit wurde primär die Gehgeschwindigkeit aus einer statischen Position über 10 Meter gewertet. Zeitinstrument war eine Stoppuhr. Sekundär wurden weitere Test wie ein Vier-Quadrat-Stufen-Test oder ein Seniorentest dürchgeführt. Als Messinstrument für die Lebensqualität wurde ein Fragebogen ausgewählt.
Welche relevanten Ergebnisse lieferten die Studie?	Alle Messkriterien konnten über die 12 Wochen sowohl bei der Übungs- wie auch bei der Kontrollgruppe verbessert werden. Die Verbesserungen der Übungsgruppe sind im Vergleich zur Kontrollgruppe signifikant höher. Beispielsweise konnte die Zeit des Mobilitästests der Kontollgruppe um	Das primäre Messkriterium, die Gehgeschwindigkeit, lieferte nach der dreimonatigen Studie keinen statistisch signifikater Unterschied. Sowohl bei der Interventions- wie auch bei der Kontrollgruppe blieben die Zeiten annähernd gleich. Bei der körperlichen Fitness und der sekundären

	2,3 Sekunden gesenkt werden. Die Zeit der Kontrollgruppe konnte lediglich um 0,17 Sekunden verbessert werden. Diese Tendenzen lassen sich auf die anderen Tests übertragen.	Messung, dem Vier-Quadrat-Stufen-Test, zeigten sich statistisch signifikante Unterschiede zugunsten der Interventionsgruppe. Außerdem konnte festgelstellt werden, dass die Sturzangst bei den Probanden der Interventiosgruppe abnahm. Signifikante Unterschiede bei der gesundheitsbezogenen Lebensqualität konnten nicht festgestellt werden
Welche Schlussfolgerungen lassen sich aus den Ergebnissen ziehen?	Ein überwachtes Trainingsprogramm ist eine effektive und kostengünstige Methode mit positiven Auswirkungen auf osteopototischen Frauen. Die Ergebnisse dieser Studie unterschtreichen die Bedeutung eines überwachten Trainingsprogramms.	Aus den Ergebnissen kann geschlussfolgert werden, dass das Widerstands- und Gleichgewichtstraining für postive Auswirkungen auf die Muskelkraft, das Gleichgewicht, die Mobilität und die Sturzangst bei einer Gruppe älterer Frauen mit Osteoporose und Wirbelfraktur sorgt.

6   Literaturverzeichnis

Bompa, T.O. & Carrera, M.C. (2005). *Periodization training for sports. Science-based strenght and conditioning plans for 20 sports (2.ed.).* Champaign, IL: Human Kinetics

Buskies, W. (1999). Sanftes Krafttraining nach dem subjektiven Belastungsempfinden versus Training bis zur muskulären Ausbelastung. *Deutsche Zeitschrift für Sportmedizin,* 50 (10), 316-320.

Eifler, C (2013). *Empirische Überprüfung der Effekte verschiedener Ansätze zu Intensitätssterung im fitnessorientierten Krafttraining,* Dissertation. Universität des Saarlandes, Saarbrücken

Fröhlich, M., Gießing, J., Schmidtbleicher, D, & Emrich, E. (2007). Intensitätstechnik Vor- und Nachermüdung im Muskelaufbautraining – ein explorativer Methodenvergleich. *Deutsche Zeitschridt für Sportmedizin,* 58 (1), 25.

Grosser, M., Brüggemann, P. & Zintl, F. (1986). *Leistungssteuerung in Training und Wettkampf.* München: BLV.

Grosser, M & Neumaier, A (1988). *Kontrollverfahren zur Leistungsoptimierung. Studienbrief der Trainerakademie Köln des Deutschen Sportbundes BD. ; 17.* Schorndorf: Hofmann

Grosser, M. & Tusker, F. (1995). *Methoden der Kraftdiagnoostik. Sportorthopädie – Sporttraumologie.* 11 (3), 142-145

Kraemer, W.J. & Fleck, S.J (2007). *Optimizing strenght training. Designing nonliniear periodization workout.* Champaign, Ill: Human Kinetics.

Letzelter, H. & Letzelter, M. (1990). *Krfattraining. Theorie, Methode, Praxis* (Bd. (7621). Reinbek bei Hamburg: Rowohlt.

Mancia, G., Fagard, R., Narkiewicz, K., Redòn, J., Zanchetti, A., Böhm, M. et al. (2013) 2013 ESH/ESC Guidelines for the management of aterial hypertension. The task force for the management of aterial hypertension of the European Society of Hypertension (ESH) and oft he European Society of Cardiology (ESC) *Journal of hypertension,* 31 (7), 1281-135

Mc Lester, J.R., Bishop, J.P. & Guilliams, M.E (2000). Comparison of 1 das and 3 day per week of equal-volume resistance in experienced subjects. *Journal of Strenght and Conditioning Research,* 14 (3), 273-281.

Neumaier, A. (1983). *Sportmotorische Tests in Unterricht und Training. Grundlagen der Entwicklung, Auswahl und Anwendung motorischer Testverfahren im Sport* (Beiträge zur Lehre und Forschung im Sport, Bd. 86). Schorndorf: Hofmann

Prestes, J., De Lima, C., Frollini, A.B., Donatto, F.F. & Conte, M. (2009). Comparison of linear and reverse linear periodization effects on maximal strenght and body composition. *Journal of Strenght and Conditioning Research,* 23 (1), 266-277.

Schnabel, G., Harre, D. & Borde, A. (Hrsg). (1997). *Trainingswissenschaft. Leistung - Training – Wettkampf.* Die Studienausgabe: SVB Sportverlag Berlin GmbH.

Strack, A. & Eifler, C. (2005a). The individual lifting perfomance method (ILP) – a practical method for fitness- and recreational strenght training. In J.Gießing, M. Fröhlich & P. Preuss (Hrsg.), *Current results of strength training research. An empirical and theoretical approach* (1.Aufl, S. 153-163). Göttingen: Cuvillier

Strack, A. & Eifler, C. (2005b). The individual lifting perfomance method (ILP) - a practical method for fitness- and recreational strenght training. In J.Gießing, M. Fröhlich & P. Preuss (Hrsg.), *Current Results of Strenght Training Research - An empirical and theoretical Approach* (S. 153-163). Göttingen: Cuvilier